MICHAEL ENDE

FIABE E FAVOLE

Traduzione di Glauco Arneri
Illustrazioni di Adelchi Galloni

OSCAR MONDADORI

www.ragazzi.mondadori.it

© 1978, 1982, 1984, 1987, 1988 Thienemann Verlag GmbH, Stuttgart/Wien
© 1998 Arnoldo Mondadori Editore S.p.A., Milano,
per l'edizione italiana e le illustrazioni
Pubblicato per accordo con Il Caduceo Literary Agency
Titoli delle opere originali *Das Traumfresserchen, Filemon Faltenreich,*
Norbert Nackendick, Ophelias Scattentheater, Tranquilla Trampeltreu
Prima edizione nella collana "Contemporanea" settembre 1997
Prima edizione nella collana "Oscar junior" aprile 2010
Terza ristampa aprile 2012
Stampato presso Mondadori Printing S.p.A.
Stabilimento di Verona
Printed in Italy
ISBN 978-88-04-60146-3

L'elefante pieghettato

Nel cuore della giungla indiana viveva un elefante molto vecchio e molto saggio che si chiamava Filemone Larghefalde. Se ne stava piantato sulle quattro zampe, possenti come colonne, sulla riva del fiume sacro e, di tanto in tanto, si cospargeva la testa di sabbia bianca o si rinfrescava con una doccia fredda; la natura infatti, nella sua munificenza, fra i tanti altri doni gli aveva regalato anche un vero

e proprio annaffiatoio. Bisogna dire
che la proboscide si era sempre dimo-
strata una parte molto utile del corpo
perché poteva servire a tanti scopi. Filemone se ne rendeva conto e ogni
giorno si sentiva pieno di felicità e di
riconoscenza.

Nessuno era in grado di dire da quanto tempo Filemone vivesse lì; persino le più vecchie tartarughe, per quanto indietro andassero con la memoria, sostenevano di averlo sempre visto in quello stesso posto. Nessuno insomma sapeva quanti anni avesse l'elefante ed egli stesso se n'era dimenticato. Filemone non si curava di queste sciocchezze. Ben altre erano le cose che lo interessavano, perché Filemone era un filosofo.

Per quanto sbalorditiva fosse la grandezza del suo corpo, ancora di più lo era la misura della sua pelle. Era così ampia da poter ricoprire comodamente due elefanti della sua stessa mole. Ma Filemone Larghefalde indossava da solo questo enorme manto, che perciò formava su di lui innumerevoli pieghe, conferendogli un aspetto ancora più maestoso. Non ne andava

però superbo; grato e contento, accettava questa abbondanza come un immeritato dono della natura. Inoltre non teneva molto a queste esteriorità; era giunto a questa conclusione dopo lunghi e profondi pensieri.

Né dovete credere che tutto il tempo se ne rimanesse immobile nello stesso posto. Ogni tanto andava a fare una passeggiata di un'oretta nella giungla: una volta per fare un po' di moto e un'altra per cogliere dagli alberi i germogli più freschi e succosi e divorarli con gusto. Talvolta anche i filosofi devono mangiare. E Filemone Larghefalde aveva un appetito coi fiocchi. Anche per questo il suo cuore era pieno di felicità e di riconoscenza.

Del resto egli era un animale così modesto e così discreto che, nonostante la mole, riusciva a non creare a nessuno il minimo disturbo. Al contrario, la maggior parte degli animali del vicinato si era così abituata a lui da servirsene, quando se ne stava al solito posto sulla riva del fiume sacro, come se fosse il padiglione di un giardino fra le cui colonne ci si ripara quando piove o alla cui ombra ci si riposa dal sole che scotta.

Filemone Larghefalde non aveva nulla da obiettare contro questo utilizzo del suo corpo, a patto che lo si lasciasse in pace e non si ostacolasse il corso dei suoi pensieri.

Adesso vorrete certamente sapere quali fossero i suoi pensieri. Filemone amava tutti i pensieri, purché fossero belli e grandi. Ma soprattutto quelli grandi, grandi come lui, non solo come il suo corpo, ma anche come la sua anima.

Quando per esempio, sotto il cielo azzurro cupo della notte indiana, Filemone si specchiava nell'acqua che scorreva ai suoi piedi, tutto commosso e riverente pensava: "Luna!" Non pensava nient'altro, solo semplicemente: "Luna!"

Ed era un pensiero molto grande.

Filemone Larghefalde dondolava in qua e in là il poderoso testone, scuoteva appena le ben proporzionate orecchie e si sentiva piccolo e insignificante a paragone del miracolo del cielo notturno.

E provando ciò il cuore gli si riempiva di devozione e di gioia.

Naturalmente questo non era il suo solo pensiero; ne aveva anche altri. Un altro, per esempio, molto bello e molto grande, era: "Fiore!" Era un pensiero assolutamente imperscruta-

bile, benché un fiore avesse spesso un aspetto apparentemente modesto e insignificante. Ma Filemone sapeva che non è la grandezza esteriore che conta; per questo egli era così schivo e tranquillo.

D'altronde a volte un solo e unico

pensiero gli era bastato per molti anni; e quanto più gli sembrava che quel pensiero diventasse sempre più grande e profondo, tanto più a lungo ci pensava su. E spero soltanto che tutti voi comprendiate ciò senza ridere, come invece facevano le scimmie, che tenevano un congresso scientifico permanente sugli alberi sopra la testa di Filemone e che sostenevano che pensieri così semplici loro li avrebbero liquidati in un battibaleno.

Filemone Larghefalde sorrideva di simili affermazioni, si cospargeva la testa di un po' di sabbia bianca e taceva. Gente che riesce a muovere contemporaneamente quattro mani e sbriga tutto in quattro e quattr'otto, è molto difficile convincerla che spesso ciò che conta non è la fretta. Filemone Larghefalde lasciava tuttavia perdere volentieri. In fondo era un saggio!

Un po' più a valle, dove il fiume sacro piega verso destra, la corrente aveva depositato sulla riva un grande mucchio di erbacce marce e di altro sgradevole materiale.

Questo mucchio emanava un fetore insopportabile. Gli animali della zona avrebbero ben volentieri tolto di mezzo quel mucchio puzzolente, ma c'era una difficoltà tutt'altro che trascurabile. Il mucchio era abitato, e da un ragguardevole numero di inquilini per giunta. Si trattava di una notevole colonia di mosche di tutte le specie e di tutte le dimensioni.

Quante fossero esattamente, le stesse mosche non erano state finora in grado di stabilire. (Semplicemente perché non riuscivano a stare ferme e ronzavano continuamente in una grande confusione.) Ma senza dubbio erano moltissime. E poiché erano così tante si sentivano incredibilmente importanti.

«Siamo gli esseri più importanti di tutto il mondo» usavano dire. «Siamo così numerose che se un giorno, per esempio, decidessimo che la Terra deve rimanere per sempre al buio, sarebbe per noi un giochetto oscurare il sole. Se non lo facciamo, questa è la prova che siamo noi a far splendere il sole. Ed è un atto di grande clemenza

da parte nostra, e tutti gli altri animali del mondo dovrebbero perciò ba-
ciarci tutti e sei i piedi.»

Di questo erano assolutamente con-
vinte! E quindi ritenevano di avere il
diritto di dar noia il più possibile agli
altri abitanti della giungla. Andavano
a spasso sugli altri animali senza chiedere loro il permesso, li pungevano e li
pizzicavano e se ne vantavano in modo
indescrivibile. Per tutti questi motivi
nessuno le poteva sopportare, tranne
il rospo Vespasiano de Viscidis che abitava sulla riva sotto un sasso ricoperto
di muschio. Ma la sua benevolenza aveva un motivo tutto particolare in quanto considerava la colonia di
mosche da un punto di
vista commestibile.

Un bel giorno le
mosche decise-

ro di chiarire una volta per tutte ag[li]
altri animali chi fosse il più forte, il
più bravo, il più intelligente, in una
parola il più importante animale del
mondo.

ɹli:

ɹale modo? Poiché era giove-
iarono all'idea di oscurare il
savano infatti che i giovedì
non fossero particolarmente adatti a
tale scopo. E inoltre, essendo fuori discussione che sarebbero state in grado di farlo se solo l'avessero voluto,
non c'era proprio nessun bisogno che
lo facessero. Di una simile motivazione
tutte le mosche rimasero profondamente soddisfatte.

«Io avrei un piano migliore» disse
un grosso moscone che se ne stava
proprio in cima a quel mucchio di ri-
fiuti. Gli fece eco un ronzio carico di
attesa. «Come tutti sanno» cominciò
il moscone «noi siamo gli esseri più
importanti del mondo. E quindi anche i migliori giocatori di calcio del
mondo. In primo luogo siamo capaci
di correre a una velocità ineguagliabi-

le, per cui possiamo scartare chiunque con sbalorditiva facilità. In secondo luogo…» gridò con voce più forte, e tutte le mosche ammutolirono impazienti per l'attesa «in secondo luogo ognuno di noi ha sei gambe. Miei cari mosconi e mie carissime mosche, mi sembra evidente che una squadra di calcio composta di giocatori con sei gambe è praticamente imbattibile. Provate a pensarci! Una squadra che abbia complessivamente la bellezza di sessantasei gambe! Il campionato del mondo è sicuramente nostro! Pertanto sfideremo tutti gli altri animali a una partita di calcio, e così si vedrà chi è in grado di competere con noi.»

Si levò un penetrante ronzio di plauso, e tutte le mosche presero a fregarsi per l'entusiasmo le zampe anteriori.

«Ma prima di tutto dobbiamo forma-

re un comitato» disse ronzando tutta
eccitata una mosca color verde cangiante «un comitato che stabilisca quale sarà
il nostro primo avversario, e poi il secondo, il terzo, il quarto e il quinto.»

«Bene» disse il grosso moscone in cima al mucchio «formiamo un comitato. Chi vuole farvi parte?»

Tutti gridarono di voler far parte del comitato che doveva decidere una cosa di così straordinaria importanza.

«Bene» borbottò la grossa mosca che presiedeva l'assemblea «con ciò dichiaro formato il comitato. Nomino me stessa presidente all'unanimità. La discussione è aperta. Domanda numero uno: chi vogliamo sconfiggere per primi?»

Un'eccitazione spasmodica si impadronì di quella numerosissima colonia, e fu tutto un ronzare indiavolato.

«Prima di tutto» si fece sentire una vecchia mosca tutta grigia che possedeva ancora solo cinque zampe «prima di tutto dovremmo forse batterci con le formiche, poi con le cavallette e poi…»

Ma non poté continuare perché fu subissata da urla di sdegno e di derisione.

«Amica mia carissima» intervenne

ironico un giovane moscone «perché non proponi subito le lumache e i lombrichi?»

«Basta!» urlò il presidente dalla cima del mucchio. «Ci troviamo qui per qualcosa di molto importante e non per occuparci di simili piccolezze. Se volete veramente cominciare dalle formiche, dovremmo giocare per cento anni finché siano esauriti tutti gli animali. Meglio sarebbe cominciare con un avversario più degno di noi. Mi sembra più sportivo.»

«Che ne direste allora del rospo?» propose un po' incerta e intimorita la mosca con cinque zampe.

Regnò per un lungo momento un silenzio imbarazzato.

«La proposta è respinta» disse deciso il presidente. «Con il rospo non sa-

rebbe sportivo. Per piacere evitiamo
osservazioni inopportune!»

«Propongo» gridò allora il giovane
moscone «di sconfiggere prima
i coccodrilli.»

«No, prima le scimmie!» gridò un altro.

E allora tutti si misero a gridare disordinatamente: «No, i bufali!», «No, i rinoceronti!», «No, le tigri!»

Proprio in quel momento passò davanti al mucchio puzzolente una tigre maschio, il barone Annibale della Zampata. Arricciò il naso seccato e si diresse alla riva del fiume per bere un po' d'acqua.

«Ehi, tu!» gli ronzò sul naso sfacciatamente il giovane arrogante moscone «hai il coraggio di giocare contro di noi nel campionato mondiale di calcio?»

Il barone Annibale della Zampata si portò irritato una zampa al naso per scacciare quella noiosa mosca. Ma quella, caparbia, gli volò in un orecchio.

«Se vuoi svignartela» gli disse ronzandogli là dentro «ritirati dalle gare e considerati sconfitto!»

La tigre scosse la testa e si portò l'altra zampa all'orecchio offeso. Le tigri, si sa, hanno orecchie molto delicate.

«È mostruoso!» ruggì e se ne tornò di corsa nella giungla. «Le mosche sono oggi particolarmente fastidiose. Si vede che sta per scoppiare un temporale.»

«Avete visto?» ronzò il giovane moscone appena fu di ritorno al mucchio. «Non osa gioca-

re contro di noi! Si è ritirata prima di cominciare! Con la tigre abbiamo già vinto!»

È impossibile descrivere la baraonda che seguì queste parole. Quando una calma relativa tornò a regnare nel numerosissimo comitato, si alzò la mosca color verde cangiante.

«Onorevole presidente e onorevoli colleghi» cominciò «questa vittoria avrà convinto anche gli ultimi dubbiosi fra noi che non pecchiamo di presunzione quando, fra tutti gli animali, ci scegliamo un avversario che, almeno apparentemente, sembra alla nostra altezza.»

«Giusto, giustissimo!» gridarono gli ascoltatori.

«Ma quale, e mi rivolgo agli onorevoli membri del comitato» e la mosca verde alzò implorando tre delle sei zampe «quale è l'attributo esteriore, la caratteristica che ci rende superiori a tutti?»

L'oratore fece qui una pausa sapiente. Il silenzio regnò sul mucchio. Innumerevoli occhi guardarono impazienti la mosca verde, che a questo punto abbassò con enfasi le tre zampe esclamando: «La proboscide!» E a sostegno della sua tesi allungò più che poté la propria proboscide. «Dunque non c'è dubbio» concluse «che l'unico avversario degno di noi è l'elefante, anche se ha soltanto quattro zampe invece di sei.»

Un applauso entusiastico e unanime suggellò la decisione delle mosche di battersi per il campionato mondiale di calcio con Filemone Larghefalde.

Venne inviata subito una delegazione

per informare l'elefante di questa decisione. Ma poiché egli aveva una pelle non solo molto ampia, ma anche molto spessa, e inoltre era immerso in tutt'altri pensieri, non si accorse per nulla di una delegazione pur così importante che si installò su di lui e che gli trasmise l'ambasciata contemporaneamente in più punti del corpo.

L'elefante ammiccò con i suoi occhietti cordiali, scosse con un fruscio le grandi orecchie e sembrò far cenno di sì con la testa, come usava fare sempre. La delegazione lo prese come segno di accordo e molto soddisfatta se ne ritornò in volo alla colonia.

Nel frattempo gli altri membri del comitato avevano incaricato uno scarabeo stercorario di fabbricare un pallone da calcio particolarmente resistente.

Lo scarabeo, com'è suo costume, preparò una bella e solida pallina di sterco, la fece rotolare sino ai piedi del comitato e se ne andò per la sua strada. Fabbricare palline era il suo mestiere e farne una di più o una di meno per lui era lo stesso. Tutto il resto non lo interessava minimamente.

Poi il comitato scelse undici prestanti mosconi molto veloci e particolarmente abili nel correre e scartare. Nacque così la squadra nazionale MMP (Mucchio Marcio Puzzolente). Dopodiché l'intera colonia si trasferì presso Filemone Larghefalde per delimitare il terreno di gioco sulla spiaggia davanti alle sue zampe anteriori e per segnare le porte. Era un campo abbastanza piccolo, specialmente per un elefante. Forse egli ne avrebbe riso se se ne fosse accorto. Ma era immerso in tutt'altri pensieri e non ci fece caso.

La nazionale si schierò sul campo di gioco, gli spettatori presero posto, parte sul terreno circostante, parte su Filemone Larghefalde, la qual cosa non sarebbe stata permessa visto che l'elefante doveva partecipare al gioco. Ma siccome nessuno protestò, gli spettatori rimasero seduti.

La partita ebbe inizio. Un'enorme tensione afferrò tutti gli spettatori. In fondo si trattava della prova della loro superiorità e non tutti erano assolutamente sicuri di vincere.

Il centrattacco avanzò con la palla al piede, la passò poi all'ala destra che, con un traversone, la lanciò dalla parte opposta del campo, all'ala sinistra, che si produsse in un'azione individuale dirigendosi verso la porta dell'elefante, in mezzo alle due colossali zampe anteriori. Gli spettatori trattennero il respiro. L'ala sinistra dribblò, si aggiustò per il tiro, calciò e… gol! Pochi minuti dopo fu segnato il secondo gol, poi il terzo e il quarto. Gli spettatori, fuori di sé dalla gioia, caddero in preda all'ebbrezza della vittoria.

Ma Filemone Larghefalde continuava a non accorgersi di stare per perdere l'incontro per il campionato mondiale di calcio. Era sempre immerso in tutt'altri pensieri.

A un tratto, soprappensiero, prese con la proboscide un po' di sabbia e si cosparse la testa. Per questa scorrettezza fu seriamente ammonito dal presidente del comitato delle mosche, che era anche l'arbitro della partita: poiché la testa faceva parte dello stadio non era per niente sportivo adoperare simili mezzi. Ma anche di questa ammonizione Filemone non prese assolutamente nota. E la partita continuò il suo corso.

Non è necessario descrivere nei particolari lo svolgimento dell'incontro. È sufficiente conoscere il risultato finale: 108-0 a favore dell'MMP. Una vittoria veramente sensazionale! Superiore alle più rose speranze del comitato. Le mosche avevano saputo sin dall'inizio di essere superiori a qualunque avversario, ma erano meravigliate che la loro superiorità fosse così schiacciante. Tornarono trionfanti al loro mucchio puzzolente. I giocatori della nazionale vennero festeggiati quali eroi del giorno.

Verso sera però i festeggiamenti subirono una spiacevole interruzione. Il cielo si coperse di nuvole e cominciò a piovere con una tale abbondanza come piove solo nella giungla indiana. Le previsioni del barone Annibale della Zampata si erano rivelate esatte. Gli animali di tutto il vicinato accorsero a rifugiarsi fra le zampe di Filemone

Larghefalde. Ma le acque del fiume sacro si gonfiarono e spazzarono via il puzzolente mucchio d'erbacce assieme a tutto il comitato e all'intera nazionale di calcio. Dove sono finiti? Nessuno ne ha più fatto ricerca, e del resto non è poi tanto importante.

Poi cessò di piovere e il cielo azzurro cupo della notte indiana riprese a specchiarsi nelle acque nuovamente tranquille del fiume.

Filemone Larghefalde, che non si era mai accorto di essere stato battuto in modo così clamoroso, strizzò i suoi occhietti cordiali, dondolò la testa poderosa e pensò commosso: "Luna!" Non pensò nient'altro, solo semplicemente: "Luna!"

Ed era un pensiero molto grande.

IL MANGIASOGNI

Nella terra di Sonnonia dormire è per tutti la cosa più importante che ci sia. È per questo motivo che il paese ha quel nome. Ma quello che conta non è tanto la quantità o la durata del sonno, ma la sua qualità. È questo che fa la differenza.

Gli abitanti di Sonnonia pensano che chi dorme bene ha un animo gentile e un'intelligenza limpida. Perciò viene fatto re chi dorme meglio di tutti.

C'erano una volta a Sonnonia un re e una regina che avevano una bambina che si chiamava Pisolina. È un nome carino e anche la piccola principessa

era una bambina molto carina. Chiunque l'avesse vista, anche una sola volta, doveva riconoscerlo. Abitava assieme ai genitori nel Castello dei Sogni e dormiva in un grande, candido letto a baldacchino.

Tuttavia la piccola principessa Pisolina la sera non voleva mai andare a letto. Trovava sempre nuove scuse per rimanere alzata ancora un po'. La verità era che aveva paura di prender sonno.

E perché aveva tanta paura? Perché
una volta addormentata faceva spesso brutti sogni. Se fare brutti sogni è
per i grandi una cosa spiacevole, lo è
ancora di più per i bambini, ed era poi
spiacevolissimo per una principessi-

na che si chiamava Pisolina e che viveva in Sonnonia.

«È una vergogna!» dicevano tutti scuotendo la testa con aria preoccupata.

Il re e la regina ne erano sempre più rattristati e non riuscivano più a dormire così bene come si addiceva alla loro posizione. E la principessa diventava sempre più pallida e più magra.

«Che cosa mai possiamo fare?» sospirava la regina, sconsolata. «Possiamo solo sperare che i brutti sogni non ritornino.»

Ma quelli ritornavano ancora, ancora e sempre.

Il re allora fece chiamare tutti i dottori e i professori del regno. Essi vennero, si misero attorno al gran letto della principessina, parlarono in latino e prescrissero una grande quantità di medicine.

Ma non servì a niente. Allora il re
mandò i messaggeri in tutti i paesi a
interrogare vecchi pastori e venditrici di erbe medicina-
li, contadini e ma-
rinai. Ma nessuno
seppe consigliare
un rimedio.

Alla fine il re fece attaccare manifesti su tutti i muri e stampare annunci su tutti i giornali nei quali prometteva una grossa ricompensa a chiunque fosse riuscito a liberare sua figlia dai brutti sogni. Ma nessuno si fece vivo.

«Vuol dire allora che me ne occuperò personalmente» disse un giorno il re.

«Tu!» disse la regina piena di speranza. E gli stirò subito l'abito da viaggio, che non aveva più indossato da tanto tempo, e gli preparò uno zaino pieno di provviste. Fu così che il re se ne andò per il mondo.

Interrogò ogni uomo che incontrava: controllori delle ferrovie e vigili del fuoco, maestri di scuola e operai delle fabbriche, conducenti di tassì e venditrici di verdura, interrogò cowboy ed eschimesi, bambini negri e vecchissimi cinesi, ma non trovò nessun uomo che conoscesse un rimedio efficace contro i brutti sogni.

Alla fine il re si sentì molto stanco e scoraggiato. Né sapeva più da che parte andare. Ma non voleva nemmeno tornare a casa senza aver concluso nulla. Così si limitò semplicemente ad andare avanti, senza preoccuparsi della direzione.

Intanto si fece sempre più buio, finché calò la notte. Prese a soffiare un vento gelido e cominciò a cadere la neve. Il re non si era accorto che nel frattempo era arrivato l'inverno.

E finì per smarrirsi. Si era inoltrato in una vasta brughiera e i cespugli innevati delle ginestre assunsero forme strane e inquietanti. Ma il re era troppo stanco e troppo triste per avere paura.

Dopo un po' vide in lontananza, fra i cespugli, qualcosa che luccicava. Somigliava a un pezzetto di chiaro di luna che saltellava qua e là, ma così veloce, che si poteva a stento seguirlo con gli occhi.

Avvicinandosi, il re vide che questo

argenteo chiaro di luna aveva gambe
e braccia e anche una grossa testa piena
di aculei come un cardo o un porcospino. La creatura guardava il re con
occhi sfavillanti come stelle e con una
faccia piena di piccole rughe ridenti.
Ma la cosa più strana che aveva era la
bocca, straordinariamente grande, che
teneva costantemente spalancata come
il becco gli uccellini affamati.

«Ah, chi mi invita? Chi
mi invita?» gridava
in continuazione
l'ometto con la sua
sottile voce stridu-
la. «Ho una fame
terribile! Se qualcu-
no non mi invita subi-
to a pranzo, dovrò di-
vorare me stesso!»

E spalancò talmen-

te la bocca che dietro quel buco sparì non solo la testa ma l'intera sua piccola magrissima figura.

«Mi sono smarrito» gli disse il re. «Per favore, dimmi come posso uscire da questa brughiera.»

«Da qui non esce nessuno» rispose l'ometto «se non in mia compagnia. E io posso farlo solo se qualcuno mi invita a pranzo.»

Il re frugò nello zaino, ma inutilmente: era vuoto.

«Purtroppo non ho più niente» disse gentile il re «altrimenti ti avrei dato volentieri un po' di pane e burro.»

«Pfui, che porcheria!» gli gridò sgarbatamente quell'omuncolo. «Me ne infischio del pane e burro! Non mi conosci, eh? Non sai cosa mi piace? Ma che cosa cerchi da queste parti?»

«Cerco» rispose il re «qualcuno che

sia capace di liberare mia figlia Pisolina dai brutti sogni.»

L'ometto del color della luna fece un
salto nell'aria e diventò di colpo gen-
tilissimo.

«Ah bene benissimo arcibene!» sussurrò «allora anche oggi riuscirò a mettere sotto i denti qualcosa di decente!
Sono stato invitato! Sono stato invitato! Svelto, dammi il tuo mantello! E
mi servono anche i tuoi stivali! Bene,
e mi occorre anche il tuo bastone, per
poter andare al ricevimento.»

Il re era rimasto così sbalordito che
gli diede subito tutto, senza fare nessuna resistenza.

«Pensi davvero che ti voglia portar
via la tua roba, eh?» ridacchiò quel bel
tipo. «Lo penserei anch'io. Ma non
sono un brigante. Vedrai presto che
hai fatto bene a non rifiutarti. Ne avre-

mo un gran vantaggio tutti e tre, tu, la tua bambina e soprattutto io, il Mangiasogni!»

Poi emise un fischio e fece schioccare la lingua e, prima che il re potesse dire qualcosa, trasformò ogni cosa: il mantello in un grande foglio di carta bianca, il bastone in una grossa penna e gli stivali in un enorme calamaio.

Intinse la penna nel calamaio e, rapido come il vento, scrisse sul foglio la seguente formula magica:

Mangiasogni, Mangiasogni!
Prendi bello il tuo coltello,
tira fuori in grande fretta
la tua piccola forchetta!

Apri il becco su quei sogni
che spaventano il bambino!
Ma se il sogno è bello
e buono, divertente o sol carino,
mi sia subito lasciato!
Mangiasogni, Mangiasogni,
Mangiasogni io t'ho invitato!

Poi arrotolò il foglio con grande cura e lo diede al re.

«E adesso corri» gli urlò «corri veloce da Pisolina e dille di recitare la formula magica. Spero così che mi arrivi presto nello stomaco qualche brutto sogno succulento. Mi viene già l'acquolina in bocca. Non restartene là imbambolato! Forza! Corri! Veloce!»

«Sai» disse confuso il re «prima di arrivare qua ho percorso una strada lunghissima. Il mio castello è dall'al-

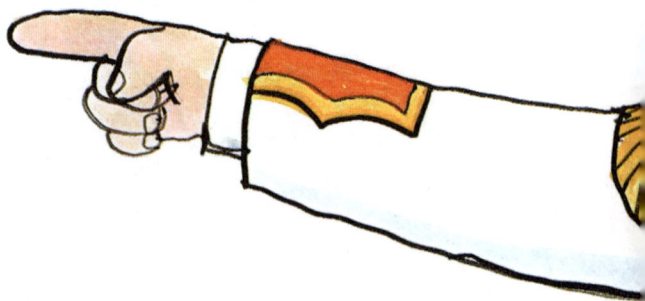

tra parte della Terra. Ci vorrà tanto tempo prima di essere di nuovo da Pisolina.»

«Per la miseria!» ringhiò l'ometto. «Voi uomini siete proprio ben noiosi. E io non posso venir via se non sono chiamato con la formula magica.»

«Che cosa possiamo fare, allora?» chiese lo sfortunato re.

«Sai che cosa possiamo fare?» rispose ridacchiando quell'omuncolo. «Mi potresti chiamare tu in rappresentanza di tua figlia.»

«E credi che funzionerà?»

«Qualcosa dobbiamo ben tentare» replicò l'ometto. «Forza, pronuncia la formula magica!»

Estrasse dalla sua tasca destra un coltellino di corno e da quella sinistra una forchettina di vetro e si piazzò in posizione di partenza, come un corridore.

Il re srotolò il grande foglio e stava per cominciare a leggere, quando gli venne in mente qualcosa che gli fece lasciar cadere il rotolo a terra.

«Ascolta un momento, Mangiasogni» gli disse, preoccupato «quando te ne sarai andato, che cosa sarà di me? Da solo non troverò mai in questo paese selvaggio la strada di casa. Dovrò restare qui a morire di freddo senza mantello e senza stivali?»

«Santa pazienza» brontolò l'ometto «voi uomini siete proprio dei gran pedanti! Forza allora, montami sulla schiena che ti porterò io!»

Il re era un uomo piuttosto pesante e aveva i suoi dubbi che un ometto così mingherlino riuscisse a portarlo. Ma non gli restava altro che fare la prova. Si appollaiò circospetto sulle sue spalle pungenti, srotolò di nuovo il foglio e lesse ad alta voce la formula magica.

Aveva appena letto l'ultima riga che il Mangiasogni volò via come se il mondo gli scappasse da sotto i piedi.

«Funziona!» urlò con la sua voce stridula «hai visto, funziona!»

«S... s... senti un po'» balbettò il re

terrorizzato, tenendosi la corona con una mano «s… sei proprio sicuro che i brutti sogni ti piacciano?»

Zuuuuum! In quel momento stavano sorvolando il Polo Nord.

«Senza mezzi termini!» urlò l'ometto. «Più sono brutti e più mi piacciono e più ce n'è, meglio è!»

Vruuuuum! Ecco, avevano sorpassato anche l'America.

«E i sogni quelli belli» chiese boccheggiando il re «quelli non ti piacciono? Mi sembra così strano.»

«Non è affatto strano!» rispose af-

fannato l'ometto al quale cominciava a mancare il fiato. «Non sai per esempio che ai porcospini piacciono i serpenti e le lucertole? Allora fai conto ch'io sia un porcospino di sogno, cui piacciono i brutti sogni. Buona, eh? Insomma sono fatto così, punto e basta!»

Vssssss! Ora volavano sopra l'Africa.

«Ma perché» balbettò il re che non ce

la faceva quasi più né a vedere né a sentire «perché non te ne vai da solo?»

«Ma se ti ho già detto» ansimò l'ometto «che posso venire solo se sono invitato! Io prendo solo quello che mi danno!»

Plump! Con una gran botta il mondo si fermò di colpo. E quando il re si fu guardato attorno, si accorse di esser seduto per terra nel mezzo della camera di sua figlia. La regina era accanto al letto di Pisolina ed entrambe sgranarono tanto d'occhi.

«Ce l'ho fatta!» urlò il re e mostrò loro il foglio con la formula magica. E poi dalla gioia caddero ognuno nelle braccia degli altri.

Da quel giorno la principessina Pisolina, ogni volta che aveva paura di

fare brutti sogni, pronunciava la formula magica e invitava il Mangiasogni.

Lei veramente non l'ha mai visto,
ma a volte, quando sta per addormen-
tarsi, sente una vocina sottile un po'
scricchiolante che le dice: «Dormi tranquilla, bambina mia, senza paura! Ci
penso io. E tante grazie per l'invito!»

E il Mangiasogni doveva ben essere presente, visto che la piccola principessa non fece più nemmeno un solo brutto sogno. Le sue gote tornarono rosee e rotonde e tutti gli abitanti di Sonnonia furono di nuovo fieri di lei, perché non c'era un altro che dormisse bene come lei.

E perché anche tutti gli altri bambini potessero chiamare il mangiatore di sogni, quando ne avevano bisogno, il re fece scrivere l'intera storia assieme alla formula magica e la fece stampare in un libro. Che è quello che avete letto.

TRANQUILLA PIEPESANTE

Un bel mattino la tartaruga Tranquilla Piepesante se ne stava al sole, davanti alla sua comoda tana, a rosicchiarsi pacifica una foglia di piantaggine.

Sopra di lei, fra i rami di un antichissimo olivo, la colomba Suleica Gozzodargento si stava lustrando il brillante piumaggio, quando arrivò in volo il colombo Salomone Gozzodargento. Dopo essersi inchinato più volte, Salomone le disse: «O Suleica, gioia del mio cuore, hai sentito che fra breve si celebreranno le nozze del gran sultano di tutti gli animali, Leone Ventottesimo? Perché non voliamo assieme alla sua tana, luce dei miei occhi?»

«O mio signore e padrone» tubò la colomba «ma non siamo stati invitati?»

«Non ti preoccupare, stella della mia vita» le rispose Salomone, inchinandosi ancora un paio di volte «tutti gli animali sono stati invitati, grandi e piccoli, vecchi e giovani, grassi e magri, umidi e secchi. Sarà certamente la più bella festa che sia mai stata data. Ma dobbiamo affrettarci perché la tana del leone è molto lontana e la festa è molto vicina.»

Suleica annuì e i due colombi presero il volo.

Tranquilla Piepesante, che aveva sentito tutto, piombò in una riflessione così

profonda da dimenti-
carsi persino di terminare la colazione.

"Se alle nozze sono invitati tutti gli
animali, quelli grandi e quelli piccoli,
quelli vecchi e quelli giovani, i grassi e
i magri, gli umidi e i secchi" pensò Tranquilla "perché non
devo esserci
anch'io?"

Dopo che ebbe riflettuto tutto il giorno e tutta la notte seguente, prese una decisione irrevocabile. Appena spuntò il sole si mise in marcia, passo dopo passo, lenta ma inarrestabile.

Una mattina, con grande coraggio,
anche a Tranquilla venne la voglia
di mettersi in viaggio.
Se per la strada la fame provava,
a mangiare una foglia,
alt!, si fermava.

Dopo che ebbe camminato quasi tutto il giorno, arrivò davanti a un rovo.
In quel cespuglio pieno di spine abitava, nel bel mezzo della sua magnifica
ragnatela, il ragno Fatimo Crocedifilo.
«Ehi, Tranquilla Piepesante» le gri-

dò il ragno «dove vai così di fretta, se è lecito chiedere?»

«Buona sera, Fatimo Crocedifilo» rispose la tartaruga e si arrestò per prendere fiato. «Come saprai, il nostro grande sultano, Leone Ventottesimo, ha invitato alle sue nozze tutti gli animali. Perciò ci vado anch'io.»

Fatimo Crocedifilo batté le sue lunghe zampe anteriori sopra la testa e si mise a ridacchiare talmente che tutta la ragnatela cominciò pericolosamente a oscillare.

«Oh Tranquilla» sbottò alla fine il ragno «tu, lentissima fra i lenti, come puoi arrivare laggiù?»

«Passo dopo passo» gli rispose Tranquilla.

«Ma hai considerato» le urlò Fatimo «che le nozze si faranno tra neanche due settimane?»

Tranquilla, dall'alto delle sue zampette tarchiate, gettò a Fatimo un'occhiata fiduciosa e rispose: «Sarò là giusto in tempo.»

«Tranquilla!» disse il ragno pieno di compassione «Tranquilla Piepesante! Persino per me sarebbe troppo lontano, per me che non solo ho gambe più agili delle tue, ma anche doppie di numero. Sii ragionevole! Rinunciaci e tornatene a casa!»

«Mi dispiace, ma non è possibile» rispose con cortesia la tartaruga «la mia decisione è irrevocabile.»

«Non si può aiutare chi non si lascia consigliare» esclamò il ragno e ricominciò indignato a lavorare alla sua ragnatela.

«È proprio così» concluse Tranquilla «allora arrivederci, Fatimo Crocedifilo.»

Detto ciò si incamminò a grandi passi.

Il ragno ridacchiò maligno fa sé e sussurrò: «Bada a non andare troppo veloce, se non vuoi correre il rischio di arrivare troppo presto.»

Ma Tranquilla Piepesante si lanciò avanti a rotta di collo, scalando montagne e attraversando pianure, camminando di giorno e di notte.

Senza ombrello Tranquilla viaggiava
ma se la pioggia improvvisa scrosciava
dall'acqua lo scudo la riparava.

Arrivata davanti a uno stagno, si fermò per riposarsi e per bere.

Su una foglia d'edera sedeva la chiocciola Serasade Scialucente che guardava la tartaruga con i suoi lunghi occhi sporgenti.

«Buon giorno» le disse cortese Tranquilla.

Passò un bel po' di tempo prima che
la chiocciola si fosse resa finalmente
conto che poteva rispondere.

«Santo cielo» balbettò con infinita
lentezza «come corri veloce! Mi vengono le vertigini a guardarti!»

«Vado alle nozze del nostro grande
sultano, Leone Ventottesimo» spiegò
Tranquilla.

Questa volta passò ancora più tempo prima che Serasade Scialucente avesse messo ordine fra i suoi viscosi pensieri riuscendo faticosamente a parlare: «Che sfortuna, sei corsa proprio nella direzione contraria!» Indicò imbarazzata con le antenne il terreno attorno a sé: «Diquanodiladaquellapartevogliodireinqua!Noquasilaverso-

dimenoversonordinlà… tu… qua…»
e si imbarcò senza speranza in questa
difficile spiegazione.

«Non fa niente» disse Tranquilla «ho
capito. Dimmi solo dove devo andare.»

La chiocciola era così confusa che si
ritirò tutta nella sua casa e ricompar-
ve solo dopo una mezz'ora.

Tranquilla aspettò paziente che Serasade ritrovasse la parola.

«Santo cielo» si rammaricò la chiocciola «che sfortuna! Dovevi andare ver-

so sud e non verso nord. Insomma, esattamente nella direzione opposta!»

«Tante grazie per avermi avvertito!» rispose Tranquilla e si girò dall'altra parte.

«Ma ormai la festa è dopodomani» piagnucolò la chiocciola.

«Ci sarò giusto in tempo» disse Tranquilla.

«Mai più!» sospirò la chiocciola e guardò mesta la tartaruga «mai e poi mai! Forse, se tu fossi andata sin dall'inizio nella direzione giusta, allora forse.

Ma adesso non c'è speranza. È tutto inutile. Che sfortuna!»

«Se vuoi venire con me, ti puoi sistemare sul mio scudo» propose Tranquilla.

Serasade Scialucente abbassò rassegnata i suoi lunghi occhi.

«Non ha scopo. È troppo tardi, troppo tardi. Non arriveremo mai.»

«Sì» disse Tranquilla «passo dopo passo.»

«Sono così triste» si lamentò la chiocciola «resta qui a consolarmi!»

«Mi dispiace, ma non è possibile» rifiutò con gentilezza Tranquilla «la mia decisione è irrevocabile.»

Detto ciò si mise di nuovo in cammino, questa volta nella direzione opposta.

Serasade Scialucente la guardò ancora a lungo con i suoi occhi sporgenti umidi di pianto e fece con le antenne tutta una serie di scongiuri.

Di nuovo la tartaruga si buttò a rotta di collo per molti giorni di seguito, ma questa volta nella direzione giusta, scalando montagne e attraversando pianure, camminando di giorno e di notte.

Senza cappello Tranquilla viaggiava
ma se il sole con forza picchiava
dai raggi lo scudo la riparava.

Alla fine incontrò il lucertolone Zaccaria il Vanitoso che stava sonnecchiando su una pietra al sole. Il suo vestito a squame color verde smeraldo scintillava splendido.

All'avvicinarsi della tartaruga aprì un occhio, le ammiccò sonnolento e le disse: «Alt! Chi sei? Da dove vieni? Dove vuoi andare?»

«Mi chiamo Tranquilla Piepesante» rispose la tartaruga «vengo dall'olivo antichissimo e voglio andare alla tana del leone.»

Zaccaria il Vanitoso sbadigliò.

«Ehi, ehi… e che cosa vai a cercare laggiù?»

«Vado alle nozze del nostro grande sultano Leone Ventottesimo che ha invitato tutti gli animali e quindi anche me» rispose Tranquilla.

A questo punto Zaccaria il Vanitoso aprì stupito anche l'altro occhio e guardò la tartaruga con aria di condiscendenza.

«Come mai un povero diavolo come te» disse dopo un po' con la sua voce nasale «pensa ancora di poter andare laggiù?»

«Passo dopo passo» gli rispose Tranquilla.

Zaccaria il Vanitoso si appoggiò sui gomiti e tamburellò con le dita.

«Ehi, ehi, ed è camminando così con comodo che pensi di andare a quelle nozze che avrebbero dovuto aver luogo una settimana fa?»

«Non hanno dunque avuto luogo una settimana fa?» chiese Tranquilla.

«No» rispose pigro Zaccaria.

«Perfetto» disse Tranquilla rallegrandosi «allora sarò là giusto in tempo.»

«Non sarà certamente così! In qualità di alto funzionario della corte di Leone Ventottesimo dichiaro che le nozze sono state temporaneamente rinviate. Leone Ventottesimo infatti ha dovuto improvvisamente scendere in guerra contro Tigre Zebulone Dentedisciabola. Puoi dunque tranquillamente fare ritorno a casa tua.»

«Mi dispiace, ma non è possibile» rispose Tranquilla Piepesante «la mia decisione è irrevocabile.»

E detto ciò si lasciò sulla sinistra il lucertolone e a grandi passi si mosse in avanti.

Zaccaria il Vanitoso fissò davanti a sé con ottusità e mormorò più volte: «Io mi domando e dico… io mi domando e dico…»

E di nuovo la tartaruga si buttò a rotta di collo per molti giorni di seguito, scalando montagne e attraversando pianure, camminando di giorno e di notte.

Ma Tranquilla cosa fai?
Giorno e notte dove vai?
Alle nozze credi, o mai,
che davvero arriverai?

Attraversato un deserto di roccia, si imbatté in una compagnia di corvi appollaiati su un albero secco che sembravano immersi in tetri pensieri. Tranquilla Piepesante si fermò per chiedere la strada.

«Apcì» gracchiò uno dei corvi prima ancora che la tartaruga avesse aperto bocca.

«Salute» gli disse cortesemente Tranquilla.

«Non ho mica starnutito» rispose con voce stridula e stizzosa il corvo «mi sono semplicemente presentato. Sono il saggio Apcì Alef Abacuc.»

«Oh, tante scuse!» disse la tartaru-

ga. «Io mi chiamo Tranquilla Piepesante e sono soltanto una tartaruga. Mi puoi dire per piacere, saggio Abacuc, se è questa la strada giusta per arrivare alla tana del nostro grande sultano Leone Ventottesimo? Sono stata invitata alle sue nozze.»

I corvi si scambiarono occhiate dense di significato e tossicchiarono.

«Sicuro che potrei dirtelo» spiegò Abacuc grattandosi la testa con le unghie «ma non ti sarebbe di nessuna utilità. Neanche noi, che siamo i saggi, potremmo arrivare là dove adesso si trova il nostro grande sultano. Tu poi, povero e ignorante animale che non sai neanche camminare, come potresti mai rintracciarlo con quella scarsa intelligenza che ti ritrovi?»

«Passo dopo passo» gli rispose Tranquilla.

I corvi si scambiarono di nuovo occhiate dense di significato e tossicchiarono ancora.

«O cieca creatura!» gracchiò solenne Abacuc. «Ciò di cui parli è avvenuto da quel dì. E il passato nessuno può farlo tornare indietro.»

«Sarò là giusto in tempo» disse Tranquilla, piena di fiducia.

«Impossibile» rispose Abacuc con voce funerea. «Non vedi che portiamo il lutto? Abbiamo seppellito pochi giorni fa il nostro grande sultano Leone Ventottesimo. Era stato ferito in battaglia da Zebulone Dentedisciabola così gravemente che morì.»

«Ah» disse Tranquilla «mi dispiace proprio tanto.»

«Tornatene perciò a casa» proseguì Abacuc «oppure resta qui a dolerti con noi della sua morte.»

«Mi dispiace, ma non è possibile» rispose Tranquilla con cortesia «la mia decisione è irrevocabile.»

E detto ciò si rimise di nuovo in marcia. I corvi la guardarono andar via con occhiate di commiserazione, poi confabularono tra loro e gracchiarono: «Che gente impenitente! Vogliono andare assolutamente alle nozze di chi è già morto da tempo!»

Di nuovo la tartaruga si buttò a rotta di collo per molti giorni di seguito, scalando montagne e attraversando pianure, camminando di giorno e di notte.

Chi ti ha paragonato
a un treno accelerato
mentre tu arrivi lo stesso
proprio come un treno espresso?

E alla fine raggiunse un bosco pieno

di alberi fioriti. In mezzo al bosco c'era un grande prato anch'esso pieno di fiori. Su questo prato si erano dati convegno molti animali, grandi e piccoli, vecchi e giovani, grassi e magri, umidi e secchi, tutti si divertivano moltissimo e aspettavano pieni di gioia.

«Per piacere» chiese Tranquilla a una scimmietta che saltellava su e giù vicino a lei e batteva le mani «sai indicarmi per dove si va alla tana del nostro grande sultano?»

«Ma ci sei proprio davanti» le urlò la scimmietta (che si chiamava Jussuf Prudelemani, ma non è poi molto importante) «l'ingresso è là di fronte.»

«E sono forse queste» chiese prudentemente la tartaruga «le nozze del nostro grande sultano Leone Ventottesimo?»

«No» urlò la scimmietta «si vede che

vieni da molto lontano! Oggi, come tutti sanno, si festeggiano le nozze del nostro nuovo sultano, Leone Ventino-vesimo.»

In quel preciso momento all'ingres-so della tana comparve un superbo giovane leone con una possente cri-niera che risplendeva come il sole. E

accanto a lui c'era una meravigliosa giovane leonessa.

Tutti gli animali gridarono «Evviva!» e «Lunga vita alla coppia reale!» e poi si ballò, si suonò, si banchettò e si cantò fino a tarda notte. Le lucciole pensarono all'illuminazione, gli usignoli e i grilli alla musica. In una parola, fu proprio la più bella festa che si fosse mai data.

Fra i convitati sedeva Tranquilla Piepesante, un po' stanca ma tanto felice.

«L'ho sempre detto» confermò «che sarei arrivata giusto in tempo.»

OFELIA E IL TEATRO DELLE OMBRE

In una piccola vecchia città viveva una piccola vecchia signorina di nome Ofelia. Quando era venuta al mondo – e ciò era successo tanto tempo fa – i suoi genitori avevano detto: «La nostra bambina diventerà un giorno una grande attrice famosa.»

Perciò le avevano dato il nome di un notissimo personaggio teatrale.

La piccola signorina Ofelia aveva sì ereditato dai genitori l'amore per la

grande arte tragica, ma nient'altro. E non poté diventare un'attrice famosa. Anche perché aveva una voce troppo debole. Ma volle comunque lavorare in teatro, pur se con compiti più modesti.

In quell'antica cittadina c'era un piccolo e grazioso teatro. Proprio sulla soglia del palcoscenico si trovava una buca che non si vedeva dalla platea.

Là dentro stava seduta tutte le sere la signorina Ofelia, per suggerire sotto-voce le battute agli attori. A questo scopo era particolarmente adatta quella sua debole voce, che il pubblico non doveva sentire.

Per tutta la vita la signorina Ofelia aveva fatto questo mestiere e ne era stata felice. Aveva imparato a memoria tutte le più grandi commedie e tragedie, e così non aveva bisogno di seguire il testo su nessun libro.

Poi la signorina Ofelia era diventata vecchia e anche i tempi erano cambiati.

Nel teatro cittadino c'erano sempre meno spettatori, perché adesso c'erano il cinema, la televisione e altri passatempi.

La maggior parte della gente aveva l'automobile, e quella volta che voleva andare a teatro preferiva recarsi in macchina nella grande città più vicina, dove poteva vedere attori più famosi e dove poteva mettersi in mostra con maggiore soddisfazione.

Quando il sipario calò dopo l'ultima rappresentazione, Ofelia rimase ancora per un po' in teatro, completamente sola. Era seduta nella sua buca e ripensava alla sua vita.

A un tratto vide un'ombra che guizzava tra le quinte, si ingrandiva e si

rimpiccioliva. Ma non c'era nessuno
che potesse averla prodotta.

«Ehi là!» disse la signorina Ofelia
con la sua debole voce. «Chi c'è?»

L'ombra evidentemente si spaventò
e si restrinse tutta in sé come se non
avesse una forma precisa, ma poi si riprese e tornò a ingrandirsi.

«Mi scusi tanto!» disse. «Credevo che non ci fosse più nessuno. Non volevo spaventarla. Mi sono rifugiata qui, perché non so dove stare. Per favore non mi cacci via.»

«Sei un'ombra?» chiese Ofelia.

L'ombra fece cenno di sì.

«Ma un'ombra appartiene sempre a qualcuno» continuò Ofelia.

«No» rispose l'ombra «non tutte. Ci sono al mondo un paio di ombre in soprannumero che non appartengono a nessuno e che nessuno vuole. Io sono una di queste. Il mio nome è Poveraccia.»

«Oh» disse la signorina Ofelia «e non è triste essere così, di nessuno?»

«Tristissimo» confermò l'ombra, e sospirò piano «ma che cosa ci vuol fare?»

«Vuoi stare con me?» chiese la vecchia signorina. «Anch'io non sono di nessuno.»

«Volentieri» rispose l'ombra «sarebbe meraviglioso. Ma io dovrei starle attaccata, e lei ha già la sua ombra.»

«Potreste mettervi d'accordo» disse la signorina Ofelia.

E la sua ombra acconsentì.

Fu così che da quel momento la signorina Ofelia ebbe due ombre. Le notarono solo poche persone, e se ne stupirono trovandolo piuttosto strano.

La signorina Ofelia, per non suscitare pettegolezzi, durante il giorno pregava a turno una delle sue due ombre di farsi piccola piccola per potersi infilare nella borsetta. Un'ombra trova posto dovunque.

Un giorno la signorina Ofelia era seduta in chiesa a parlare con il buon Dio nella speranza che riuscisse a sentirla nonostante la sua debole voce (ma non ne era proprio sicura), quando all'improvviso sulla parete bianca vide un'ombra che dava l'impressione di essere molto malconcia e che stendeva una mano pregando.

«Sei anche tu un'ombra che non appartiene a nessuno?» le chiese.

«Sì» rispose l'ombra «e si è sparsa la

voce tra noi che c'è qualcuno che ci accoglie. Sei tu quella?»

«Io ne ho già due» rispose la signorina Ofelia.

«Che cosa conta una di più» fece l'ombra implorante. «Non potresti prendere anche me? È così triste essere soli, senza nessuno.»

«Come ti chiami?» chiese gentilmente la vecchia signorina.

«Mi chiamo Tremebonda.»

«Va bene, vieni» disse la signorina Ofelia.

Così adesso aveva tre ombre.

Da allora arrivarono quasi ogni giorno nuove ombre abbandonate, perché al mondo ce n'erano tante.

La quarta si chiamava Tuttasola.

La quinta si chiamava Dolorosa.

La sesta si chiamava Maipiù.

La settima si chiamava Angosciata.

E ne arrivavano sempre altre. La vecchia signorina Ofelia era povera, ma per fortuna le ombre non avevano bisogno né di cibo, né di vestiti con cui ripararsi dal freddo. Solo la sua piccola stanza era a volte molto buia per le troppe ombre che la riempivano e che restavano presso di lei perché nessun altro le voleva. La signorina Ofelia non aveva cuore di mandarle via. E ne venivano sempre di più.

La cosa peggiore era quando le ombre si mettevano a litigare. Si bisticciavano per il posto migliore e spesso lottavano fra di loro; a volte si assisteva a un vero e proprio incontro di pugilato. Certe notti la piccola vecchia signorina Ofelia non riusciva a dormire. Rimaneva allora a letto con gli occhi aperti e cercava con la sua vocina di placare le ombre. Ma non aveva molto successo.

La signorina Ofelia non amava nessuna lite, al di fuori di quelle narrate dai poeti e rappresentate sui palcoscenici. Erano un'altra cosa. E così un giorno le venne una bella idea.

«Ascoltatemi» disse alle ombre. «Se volete rimanere con me, dovrete imparare alcune cose.»

Le ombre cessarono di litigare e la guardarono impazienti da ogni angolo della stanzetta.

Allora si mise a recitare i grandi versi dei poeti e le parole degli scrittori che sapeva a memoria. Le ripeteva molto lentamente e invitava le ombre a ridirle. Le ombre ci misero grande impegno e si dimostrarono molto docili.

Così a poco a poco impararono dalla vecchia piccola signorina Ofelia tutte le maggiori commedie e tragedie del mondo.

Da quel momento incominciò per loro una vita completamente diversa da quella di prima, perché le ombre possono rappresentare tutto quello che vogliono, possono assumere le sembianze di un nano o di un gigante, di un uomo o di un uccello, ma anche di un albero o di un tavolo.

E spesso recitavano tutta la notte davanti alla signorina Ofelia i drammi più belli. E lei, perché non si impappinassero, suggeriva loro le battute.

Ma durante il giorno se ne rimanevano tutte – tutte meno naturalmente la sua vera ombra – nella borsetta della signorina Ofelia. Già, perché le ombre, quando vogliono, possono rendersi incredibilmente piccole.

La gente dunque non riusciva a vedere le tante ombre della signorina Ofelia, ma notava che c'era qualcosa di anormale. E le cose anormali non piacciono molto alla gente.

«Com'è strana la vecchia signorina» mormoravano dietro alle sue spalle.

«Sarebbe meglio che si facesse ricoverare in una casa di riposo, dove possano prendersi cura di lei.»

E altri dicevano: «Forse è un po' matta. Chissà che cosa combinerà prima o poi!» E tutti la evitavano.

Un giorno, infine, andò da lei il proprietario della casa dove Ofelia abitava e le disse: «Sono spiacente, ma d'ora in poi dovrà pagare un affitto doppio per la sua cameretta.»

Questo Ofelia non poteva permetterselo.

«In questo caso» disse il padrone di casa «è molto meglio che se ne vada. Mi dispiace molto.»

La signorina Ofelia mise allora tutto quello che possedeva, che non era molto, in una valigia, e se ne andò.

Comperò un biglietto ferroviario, prese posto su un treno e partì per quale posto al mondo non sapeva nemmeno lei. Quando le sembrò di aver viaggiato abbastanza, scese dal treno e proseguì a piedi. In una mano portava la valigia e nell'altra la borsetta con dentro tutte le ombre.

La strada era lunga, molto lunga. Alla fine Ofelia arrivò sulla riva del mare e non poté più proseguire.

Lì si sedette per riposarsi un po' e si addormentò.

Le ombre uscirono dalla borsetta, si misero in cerchio attorno alla signorina Ofelia e tennero consiglio.

«Effettivamente» dissero «è per causa nostra se la signorina Ofelia si trova adesso in questa situazione. Lei ci ha aiutato e ora dobbiamo cercare noi di aiutarla. Abbiamo tutte imparato qualcosa, e forse ce la faremo a prenderci cura di lei.»

E quando la signorina Ofelia si svegliò le esposero il loro piano.

«Oh» disse la signorina Ofelia «è davvero molto gentile da parte vostra!»

Appena la signorina Ofelia arrivò in un villaggio, prese dalla valigia un lenzuolo bianco e lo stese sopra una sbarra. Le ombre cominciarono subito a rappresentare su quel lenzuolo i drammi che avevano imparato dalla

signorina Ofelia. Lei stessa si sedeva dietro e suggeriva loro le battute, in modo che non s'impappinassero. All'inizio vennero solo pochi bambini a guardare stupiti, ma verso sera arrivò anche qualche adulto, e tutti alla fine lasciarono qualche spicciolo a pagamento dell'interessante rappresentazione.

Così la signorina Ofelia passò di villaggio in villaggio, di paese in paese e le sue ombre si mutarono di volta in volta in re e in buffoni, in nobili fanciulle e in cavalieri arditi, in maghi e in fiori.

La gente accorreva, guardava e non poteva fare a meno di ridere o di piangere. Presto la signorina Ofelia divenne famosa, e quando arrivava in qualche posto la gente era già là ad attenderla, perché nessuno aveva mai veduto prima una cosa simile. Il pubblico batteva le mani e tutti offrivano qualcosa, chi più, chi meno.

Dopo qualche tempo la signorina Ofelia si trovò ad aver risparmiato denaro sufficiente per comperarsi una piccola vecchia automobile. La fece dipingere di tutti i colori da un pittore e, su entrambi i lati, fece scrivere a caratteri cubitali:

IL TEATRO DELLE OMBRE
DI OFELIA

Con quell'auto viaggiò per tutto il mondo, e le ombre con lei.

Qui la storia potrebbe finire, ma invece non finisce. Un giorno in cui la signorina Ofelia era incappata in una bufera di neve ed era rimasta immobile con la sua auto, sorse di colpo davanti a lei un'ombra gigantesca che era ancora più scura di tutte le altre.

«Sei anche tu» le chiese «di quelle che nessuno vuole?»

«Penso proprio di sì» rispose piano l'ombra «se così si può dire. Vorresti prendere anche me?» domandò la grande ombra avvicinandosi.

«Ce n'ho più che a sufficienza» fece la vecchia signorina «ma in qualche modo ti sistemerò.»

«Non vuoi neanche sapere prima il mio nome?» le chiese.

«Come ti chiami, dunque?»

«Mi chiamo Morte.»

Ci fu poi un lungo silenzio.

«Mi vuoi prendere lo stesso?» chiese alla fine dolcemente l'ombra.

«Sì» rispose la signorina Ofelia «vieni pure.»

Si avvolse nella grande ombra fredda e il mondo attorno a lei si fece scuro. Ma poi di colpo fu come se le si aprissero due occhi totalmente nuovi, occhi giovani e limpidi, non più vecchi né miopi. E non ebbe più bisogno di occhiali per vedere dov'era.

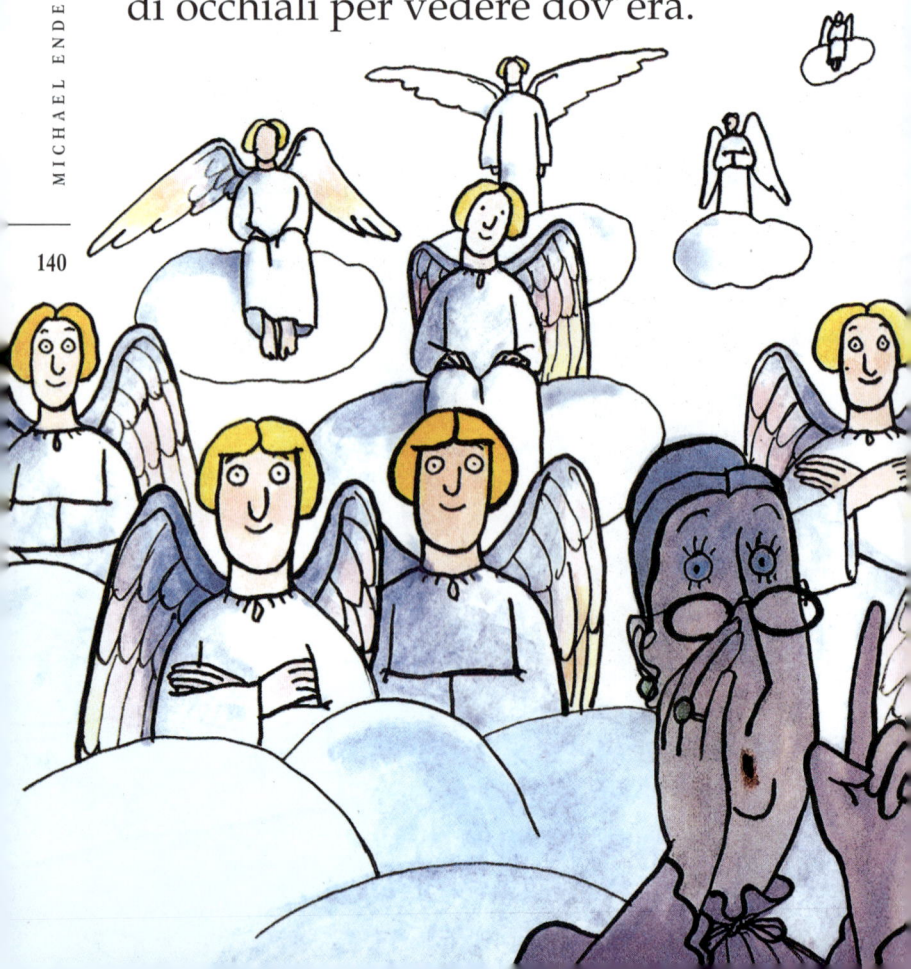

Si trovava davanti alla porta del cielo,
e attorno a lei c'erano tante splendide
figure, con vestiti di tutti i colori, che
le sorridevano.

«Chi siete?» chiese la signorina
Ofelia.

«Non ci riconosci più!» risposero. «Eppure siamo le ombre in soprannumero che hai accolto presso di te. Ora però siamo salve e non dobbiamo più andare errando.»

La porta del cielo si aperse e le figure di luce presero in mezzo la piccola vecchia signorina Ofelia ed entrarono con lei. La portarono sino a un magnifico palazzo che era il teatro più bello e più lussuoso che si potesse immaginare.

Sopra l'ingresso era scritto a caratteri d'oro:

IL TEATRO DI LUCE DI OFELIA

E da allora in quel teatro si recita, davanti agli angeli, la storia degli uomini nella grande lingua dei poeti che anche gli angeli capiscono, e da cui apprendono quanto sia misera e grandiosa, triste e buffa la vita degli uomini sulla Terra.

E la signorina Ofelia suggerisce le battute agli interpreti perché non si impappinino. Tra l'altro, si dice che a volte venga ad ascoltarli anche il buon Dio. Ma se sia vero non lo sa nessuno.

NORBERTO NUCAGROSSA

C'era una volta un rinoceronte che si chiamava Norberto Nucagrossa. Viveva nel cuore della vasta savana africana, vicino a uno stagno fangoso, ed era molto diffidente. Si sa che tutti i rinoceronti sono diffidenti, ma Norberto lo era ancora di più degli altri.

«È buona norma vedere sempre negli altri dei possibili nemici» era solito dire «in questo modo si evitano spiacevoli sorprese. Ci si può fidare solo di se stessi. Questa è la mia filosofia.»

Ed era così fiero di avere una sua filosofia, che non voleva proprio in nessun caso fidarsi di nessuno.

Come si vede, Norberto Nucagrossa, quanto a intelligenza, non era proprio una cima. In compenso, però, quanto al fisico, si può ben dire che fosse praticamente inattaccabile. Aveva uno scudo a sinistra e uno a destra, uno davanti e uno di dietro, uno di sopra e uno di sotto: in una parola, era chiuso in una robusta corazza. Come arma non gli bastava avere un corno sul naso,

come quasi tutti quelli della sua specie, ma ne aveva addirittura due: uno più grande davanti e uno più piccolo di dietro, di riserva nel caso in cui quello grande non dovesse essere sufficiente. Tutti e due erano appuntiti e ben affilati come una sciabola turca.

«È buona norma» sosteneva Norberto Nucagrossa «essere sempre preparati al peggio.»

Quando percorreva la savana calpestando pesantemente il terreno, tutti
si facevano da parte. Gli animali più
piccoli avevano paura di lui e quelli
più grossi evitavano con ragione di in-
contrarlo. Perfino gli elefanti preferi-
vano girare al largo perché Norberto

era un tipino irascibile e piantava una lite per ogni minima sciocchezza. E ogni giorno che passava diventava sempre più cattivo. Alla fine tutti gli animali potevano recarsi allo stagno per placare la sete solo a rischio della vita. I cuccioli non potevano più giocare né fare il bagno, gli uccelli non potevano nemmeno cantare, senza che subito Norberto infuriato non imperversasse calpestando tutti e urlando di essere stato assalito.

Così non si poteva proprio andare avanti, e su ciò erano tutti d'accordo. Convocarono un'assemblea per decidere che cosa fare. E, per dar modo a tutti di prendere parte alla discussione, fu fatta solenne promessa di comportarsi in maniera pacifica; c'erano infatti molti animali che fra loro non erano proprio amici intimi.

La sera stabilita si riunirono in una valletta distante parecchie miglia, così da poter parlare in pace senza venir disturbati da Norberto Nucagrossa.

Il leone Ruggero Ruggiti, che doveva presiedere la riunione, salì su un masso.

«Silenzio!» tuonò su tutto quel muggire, belare, pigolare e gracidare.

E fu subito silenzio.

«Siate brevi e stringati» continuò il

leone, che detestava i lunghi discorsi «sapete tutti di cosa si tratta. Chi è che ha una proposta da fare?»

«Io» grugnì il facocero Settimio Setolosi.

«Parla!» ringhiò Ruggero Ruggiti.

«È molto semplice» spiegò il facocero. «Ci uniamo e tutti insieme saltiamo addosso nello stesso momento al rinoceronte. In un batter d'occhio lo pestiamo come un baccalà, poi lo seppelliamo e la pace è ripristinata.»

«Mi voglia scusare, mio caro» barrì un'anziana elefantessa «ma questo piano dimostra una grande viltà d'animo. Tutti contro uno!» Aida Prosciducci, così si chiamava la signora, si sventolò indignata con le sue giganteesche orecchie. «Protesto in nome della dignità animale contro la proposta del signor Setolosi. Da un punto di vista morale essa è abietta e infamante.»

«Oh» urlò indispettito il facocero «è Norberto Nucagrossa che è abietto, e bisogna ripagarlo con la sua stessa moneta.»

«Non vorrei proprio» ribatté con molta dignità Aida Probosciducci «cadere così in basso! Lei, signor Setolosi, si mette in questo modo al suo livello. E inoltre Norberto Nucagrossa, per esprimermi come piace a lei, non si lascerà certo pestare come un baccalà tanto facilmente. Sicuramente opporrà resistenza e diversi degli onorevoli presenti finiranno calpestati o infilzati dal suo corno.»

«Be', certo» grugnì Settimio Setolosi «bisognerà mettere in bilancio qualche vittima.»

«Chi ha voglia di far parte delle vittime, faccia un passo avanti!» proseguì Aida Probosciducci.

Naturalmente nessuno si fece avanti, nemmeno Settimio Setolosi.

La signora elefantessa ebbe un moto di assenso molto espressivo e non disse altro che: «Ecco, grazie!»

«La proposta di Settimio Setolosi è respinta» ruggì il leone. «Avanti la prossima!»

Allora si fece avanti un vecchio marabù con una testa calva e raggrinzita per i troppi pensieri. Il suo nome era professor Eusebio Scavafango.

Il marabù si inchinò, tutto impettito, da ogni lato e cominciò: «Onorevoli presenti, cari colleghi! Ehm! Secondo la mia autorevole opinione il presente problema può essere risolto soltanto in una forma e con procedimenti patomelanzanici. Ehm! Come ho già dimostrato nella mia famosissima opera sull'acifoplasi catalitica della scleptotomia debrofila...»

Un sospiro percorse l'assemblea perché tutti sapevano che il professor Scavafango parlava sempre a lungo e in modo incomprensibile, non solo a causa dei suoi gracchianti organi vocali, ma soprattutto per il suo modo di esprimersi troppo scientifico.

«Allora, per riassumere» concluse dopo una pausa di riflessione «Norberto Nucagrossa è un caso di simulazione urebolenica specifica della cosiddetta enfisi caurefatomalistica, che certamente può essere simboturmizzata attraverso una comunicazione semantica oppure anche totalmente estrospinatizzata.»

Si inchinò aspettandosi evidentemente un applauso, che però non venne.

«Molto interessante, caro professore» disse Ruggero Ruggiti, che cercava di reprimere uno sbadiglio tenendo con noncuranza una zampa davanti alla bocca. «Molto interessante, ma non le sarebbe possibile spiegare con parole più semplici e comprensibili anche ai non competenti che cosa si debba fare?»

«Sì, certo, ehm! È molto difficile» borbottò imbarazzato il marabù grattandosi con le unghie la testa grinzosa. «Ho esposto, ehm, per così dire formulato in termini popolari, ehm, che

per una volta si dovreb-
be semplicemente par-
lare con dolcezza al ri-
noceronte e chiarirgli
in modo amichevole
quanto infelice egli si senta in
realtà a essere così com'è.»

«Ci provi lei!» urlò la iena Ortensia
Orrendi, e rise.

«La mia vita» rispose il professore

con tono di rimprovero «è consacrata alla ricerca pura. L'attuazione pratica, ehm, la lascio ovviamente agli altri.»

E con ciò anche questa proposta fu respinta. Il professor Eusebio Scavafango sbatté offeso le ali e ritornò tronfio sulle sue magre zampe al suo posto.

Chiese allora la parola uno scoiattolo di terra, circondato dalla sua numerosa famiglia, di nome Salvino Saltini.

«Se invece» squittì Salvino «ci met-
tessimo a scavare una trappola? Il rinoceronte ci cadrebbe dentro e vi dovrebbe rimanere fino alla fine dei suoi
giorni o finché non fosse disposto a
comportarsi meglio.»

«E dove scavereste questa trappola?» fece il leone.

Salvino Saltini si sputò con aria intraprendente sulle zampe e pigolò: «Dove il nostro va ogni giorno a passeggiare! È una bestia così abitudinaria che fa sempre la stessa strada!»

«E di quanto tempo» chiese Ruggero Ruggiti «avete bisogno per scavare una buca che vada bene per il rinoceronte?»

Salvino Saltini fece un rapido calcolo e rispose: «Come minimo dieci giorni.»

La iena Ortensia Orrendi rise di nuovo e con quel suo fare antipatico esclamò: «E voi pensate che nel frattempo Norberto se ne starà là vicino a osservare tranquillo? Vi infilzerà con il corno e vi calpesterà, ecco quello che farà! Non cadrà mai nella vostra trappola. Non è mica stupido!»

Ruggero Ruggiti ghignò truce, fece segno di no con una zampa e Salvino

Saltini si tirò indietro imbarazzato.

Seguirono una dozzina di altre proposte avanzate da altri animali, ma a una verifica più approfondita nessuna si rivelò attuabile.

Alla fine un silenzio disorientato si diffuse nell'assemblea. Fu in quel momento che si fece avanti la gazzella Tilde Timidetti. Guardò a uno a uno i presenti con gli occhi umidi di lacrime e disse a bassa voce: «Ci resta una sola cosa da fare: prendere le nostre cose e andare a stare in un luogo dove si possa vivere al sicuro da Norberto Nucagrossa.»

«Fuggire?» ruggì Ruggero Ruggiti e gettò alla povera Tilde uno sguardo così infiammato di collera che la gazzella si sentì quasi svenire. «Non se ne parla nemmeno!»

Aveva appena finito di parlare quando da lontano si cominciò a sentire uno strano rumore che si avvicinava rapidamente: uno sbuffare, un grugnire, uno scalpitare e poi un frastuono, un fragore, uno schianto, come se un terremoto si dirigesse verso l'assemblea. E subito dopo rimbombò l'urlo irato di Norberto Nucagrossa: «Perfida gentaglia, vi ho trovati! Mi credevate proprio così stupido? Pensavate che non mi fossi accorto che tramavate contro di me alle mie spalle? Dovevate muovervi prima. Adesso vi farò vedere io, una volta per tutte, che cosa vuol dire sfidarmi! Adesso farò strage di tutti voi!»

Grazie al cielo Norberto non riuscì a mettere in pratica queste minacce perché, arrivato alla valletta, non c'era più traccia di nessun animale. Anche il leone e persino l'elefante avevano preferito sgombrare il campo in tutta fretta. Il rinoceronte dovette accontentarsi di ridurre alcune palme in pezzettini grandi come fiammiferi, per dar sfogo in qualche modo alla sua rabbia. Poi, altamente insoddisfatto, trottò nella notte di luna verso casa e, strada facendo, si mise di nuovo a urlare nella savana in tutte le direzioni: «Guai a chi osa ancora farsi vedere! La mia pazienza è al limite! Farò polpette di quelli che riuscirò a prendere! State bene attenti, vile e perfida marmaglia!»

Queste parole non mancarono di suscitare un'impressione durevole su tutti quelli che le udirono. Nessuno infatti dubitava che il rinoceronte non avrebbe tenuto fede alle sue minacce. Di lui si poteva dire tutto, ma non che mancasse di parola!

Molti animali, e fra i primi i più mansueti e meno bellicosi, pensarono che la gazzella Tilde non avesse tutti i tor-

ti e già quella notte stessa migrarono con le loro famiglie in terre che fossero al sicuro da Norberto Nucagrossa.

La notizia di questa fuga si diffuse rapidamente e altri animali li seguirono. Tanto più numerosi erano quelli che se ne andavano e tanta più paura avevano quei pochi che ancora rimanevano. Per ultimo anche Ruggero Ruggiti dovette ammettere che da solo avrebbe potuto fare ben poco contro il rabbioso rinoceronte, e una notte si mise in cammino con la sposa e i tre cuccioli.

Adesso non era rimasto più nessuno, tranne Norberto Nucagrossa. E tranne qualcun'altra.

Questa qualcun'altra era però abituata a essere quasi sempre ignorata, in primo luogo perché era molto piccola, e poi perché faceva un mestiere che tutti certamente consideravano utile e gradito ma nello stesso tem-

po piuttosto sconveniente, al punto che non stava bene nemmeno menzionarlo.

Il suo nome era Agrippina Agrappati, la bufaga. Era un uccellino con un becco irriverente di color rosso fiamma. Viveva grazie a esso, facendosi portare in giro aggrappata sul dorso dei bufali, degli elefanti e degli ippopotami o sui loro fianchi, beccando in continuazione gli insetti che vi si erano annidati.

Agrippina Agrappati era dunque rimasta ancora là. Non aveva nessuna paura di Norberto Nucagrossa: era troppo piccola e troppo svelta perché il rinoceronte potesse farle qualcosa. Ma si era arrabbiata che Norberto avesse cacciato via tutta la sua clientela perciò aveva ideato un piano per farla finita a modo suo con il rinoceronte.

Volò su di lui, si posò sul grande corno anteriore di Norberto, vi affilò il suo becco impertinente e cinguettò: «Allora, come ci si sente ad aver vinto?»

Norberto la guardò all'insù con uno sguardo strabico e cattivo e grugnì: «Via di qua! Portami rispetto! Sparisci con la massima velocità!»

«Calma, calma!» disse Agrippina. «Adesso, caro Norberto, sei un sovrano assoluto e illimitato. Indubbiamente hai ottenuto una grande vittoria. Ma non ti manca qualcosa?»

«Nulla che io sappia» ringhiò Norberto.

«Eppure» disse Agrippina «ti manca ancora una cosa che tutti i vincitori e i sovrani devono assolutamente avere: un monumento.»

«Un… cosa?» chiese Norberto.

«Un monumento» cinguettò Agrippina. «Non sai che un vincitore e un sovrano che non possieda un monumento, non è un vero vincitore né un vero sovrano? Poiché, dovunque nel mondo, a un personaggio così importante come te si erige un monumento, anche tu dovresti fartelo fare.»

Norberto guardò fisso davanti a sé con quell'espressione ottusa che aveva sempre quando rifletteva attentamente. Questo uccello aveva senza dubbio ragione. Egli, Norberto Nucagrossa, era un vincitore e un sovrano e inoltre una personalità importante. E voleva avere il suo monumento.

«Come si può ottenere un coso del genere?» chiese dopo un po'.

Agrippina Agrappati era ormai in vantaggio.

«Certo, nel tuo caso è obiettivamente difficile perché qua non è rimasto purtroppo nessuno che te lo possa costruire. Te lo devi fare da solo.»

«E come?» voleva sapere Norberto.

«In primo luogo la statua deve assomigliarti il più possibile» disse Agrippina «in maniera che si veda subito di chi è il monumento. Sei capace di intagliare o di scolpire in pietra?»

«No» rispose Norberto «non sono capace.»

«Peccato» disse Agrippina «allora non puoi proprio avere un monumento.»

«Ma io ne voglio uno» grugnì Norberto indispettito. «Pensaci, ti prego!»

Agrippina si comportò come se riflettesse profondamente e, con le ali accavallate dietro la schiena, si mise a camminare su e giù per la testa di Norberto.

«Forse c'è ancora una possibilità»

disse alla fine «ma temo che sia troppo faticosa per te.»

«Niente è troppo faticoso per me» sbuffò impaziente Norberto. «Coraggio, parla!»

«Dovresti essere il monumento di te stesso» disse Agrippina.

«Ah» grugnì Norberto e fissò di nuovo davanti a sé con aria ottusa. Ebbe bisogno di un po' di tempo prima di

aver afferrato la proposta di Agrippina, ma poi quella proposta gli piacque. Lo mise addirittura di buon umore.

«Allora che cosa devo fare?» chiese.

«Devi salire» spiegò Agrippina «su un alto basamento, in modo da poter essere visto da lontano. E poi devi restar fermo come se fossi stato fuso nel bronzo, hai capito?»

«Chiaro» disse Norberto e trottò via.

Non lontano, nella savana, si ergeva un poderoso masso. Norberto vi si arrampicò e si mise in posa.

Agrippina lo esaminò attentamente da lontano, da tutte le parti.

«Solleva un po' la zampa posteriore sinistra» gli gridò. «Ecco, così va bene! Adesso tieni la testa un po' più alta! Devi guardare lontano con aria fiera e trionfante.»

«Ma sono miope» grugnì Norberto.

«Ma tu guardi nel futuro» disse Agrippina «e poi non importa, un monumento non deve vedere. Così è favoloso. L'effetto è imponente. Fermo! Adesso non ti muovere più!»

Volò su Norberto e si posò di nuovo sul suo corno più grande. «Adesso che hai anche il meritato monumento, hai proprio tutto quello che un sovrano deve avere» gli disse Agrippina. «E tutti te lo invidieranno. Le generazioni future alzeranno lo sguardo ammirate verso di te e sussurreranno riverenti il tuo nome, Norberto Nucagrossa. A meno che, naturalmente, tu o il tuo monumento – è indifferente quale dei due – non veniate rovesciati.»

Il rinoceronte, che non poteva più muoversi, guardò di sottecchi, impensierito, Agrippina Agrappati e mormorò senza muovere le labbra: «Che cosa vuoi dire?»

«Eh sì» cinguettò divertita Agrippina «succede che i sovrani vengano rovesciati, nelle rivoluzioni per esempio. E se un sovrano viene rovesciato, viene rovesciato naturalmente anche il suo monumento. Se però uno rovesciasse il monumento di un sovrano che non è stato rovesciato, allora il malcapitato finirebbe dritto in prigione o sarebbe giustiziato. A meno che non riuscisse a fuggire in tempo.»

«Un momento» disse Norberto «come hai detto?»

«Ah» disse come per inciso Agrippina «di cosa ti preoccupi, Bertino caro? Chi ti dovrebbe rovesciare? Te o il tuo monumento, come ti ho spiegato, fa lo stesso. A meno che tu non ti rovesci da solo.»

«Come?» chiese Norberto sconvolto. «Come, da solo?»

«Per esempio, se scendi dal tuo basamento» rispose Agrippina «hai bello che rovesciato il tuo monumento, che tu sia ancora sovrano o no. Se tu

ti rovesci in quanto sovrano, ti devi giustiziare, perché nelle rivoluzioni si usa così. Se invece rovesci solo il tuo monumento, ti devi lo stesso giustiziare, perché tu sei ancora il sovrano. A meno che tu non scappi in tempo prima che tu possa farti arrestare. Mi sembra molto chiaro, no?»

«Maledizione!» mormorò Norberto. «Non avrei mai immaginato che fosse così difficile.»

«È proprio per questo» disse Agrippina «che solo ai personaggi molto importanti vengono fatti i monumenti. Ma tu hai adesso tutto il tempo per rifletterci a fondo. Addio, Bertino! Io ora mi cercherò un altro paese, dove la mia professione possa avere maggiori prospettive di successo. Perché tu da solo, purtroppo, non sei sufficiente a saziarmi.»

Detto ciò, Agrippina se ne volò via e il suo cinguettare risuonò come una sonora risata.

Norberto Nucagrossa invece se ne rimase dritto come il suo monumento, senza osare muoversi.

Calò la sera
sorse la luna
spuntò l'aurora
splendette il mezzodì.

Norberto se ne stava sempre ritto come un fuso nel bronzo e guardava fiero e trionfante nel futuro, pur essendo miope. Era contento di avere un monumento.

E rimase così ritto per molti giorni e molte notti sonnecchiando. Avrebbe dato chissà quanto per vedersi anche solo una volta, visto che non c'era nessun altro che potesse ammirarlo. Certamente offriva uno spettacolo davvero grandioso!

Poi cominciò a sentire appetito, un fortissimo appetito, un appetito assolutamente insopportabile.

"Se scendessi solo per un attimo" pensò "per prendere velocemente un boccone di erba? Non mi può vedere nessuno."

Ma nello stesso momento rimase profondamente sbigottito. Gli venne in mente che fare una cosa del genere voleva dire rovesciare il monumento o, peggio, rovesciare se stesso in quanto sovrano.

Come fare? Norberto cominciò a stillarsi il cervello.

Calò la sera
sorse la luna
spuntò l'aurora
splendette il mezzodì.

Norberto rimaneva là diritto e cercava di mettere ordine nei suoi pensieri.

Se scendeva, rovesciava se stesso, in un modo o nell'altro. Se si rovesciava come monumento, avrebbe dovuto, come sovrano, arrestarsi e giustiziarsi. A meno di non scappare in tempo, prima che come sovrano se ne accorgesse. Ma ciò non era possibile. Se si rovesciava come sovrano, avrebbe dovuto fuggire davanti a sé come un ribelle, altrimenti avrebbe dovuto mettersi in prigione e giustiziarsi. Ma poteva fuggire senza che egli stesso se ne accorgesse? Anche questo non era possibile. Non gli rimaneva dunque che restare diritto senza muoversi, altrimenti, in ogni caso, sarebbe successa una disgrazia.

Poiché però il suo appetito dopo questa decisione non era diminuito neanche di un briciolo, Norberto Nucagrossa cominciò lentamente a diventare diffidente verso se stesso. Che non fosse in fondo proprio lui stesso il suo più pericoloso nemico? Che fino a oggi non se ne fosse accorto? Decise a ogni

buon conto di sorvegliarsi con atten-
zione, di non perdersi d'occhio nemmeno per un minuto, neanche durante il sonno. Eh, sì, sarebbe venuto a
capo di se stesso!

Di Norberto Nucagrossa si poteva
dire tutto, ma non che mancasse di parola!

Ma nonostante si sorvegliasse così
da vicino, non poté evitare col tempo
di diventare sempre più magro e di ri-
dursi, all'interno della sua poderosa
corazza, a un misero mucchietto rag-
grinzito.

Una notte – s'era fatto buio fitto, il
cielo era percorso da nuvoloni neri e
un temporale era imminente – Norberto Nucagrossa era diventato così
magro e così piccolo, e inoltre stanco
e debole, da non riuscire più a tener-
si in piedi. Piombò a terra con un ton-

fo e vide, sopra di lui, che la corazza era rimasta diritta.

Norberto, o meglio ciò che era rimasto di lui, era semplicemente uscito dalla parte di sotto della possente armatura e rotolato giù dal masso. La caduta gli aveva fatto abbastanza male perché la pelle di Norberto senza la corazza era molle e nuda come quella di un porcellino. Ma era felice lo stesso di quanto era successo, perché il suo monumento non si era rovesciato ed egli poteva ugualmente mangiare.

«Peccato solamente» si disse «che sia così buio. Mi sarebbe piaciuto vedere come apparivo lassù.»

In quell'attimo brillò il primo lampo del temporale che per un momento illuminò a giorno la savana. E Norberto scorse in alto sul masso qualcosa che non aveva mai visto prima, perché nella savana non ci sono specchi. Aveva scorto il suo peggior nemico.

«Aiuto» urlò, e dal terrore dimenticò che aveva fame e che era stanco, e corse via tanto veloce quanto potevano permetterglielo le sue deboli gambe.

Corse nudo com'era, attraversò la savana, attraversò il deserto, attraversò la foresta, e non cessò più di correre perché, come tutti gli altri animali, voleva anche lui arrivare in una terra dove vivere al sicuro da se stesso. Che cosa è successo di lui? Chi lo sa?

Forse sta ancora correndo per il mondo, forse nel frattempo ha trovato la terra che cercava e ha cominciato una nuova vita. Senza corazza. Se una volta incontrate un rinoceronte nudo, chiedeteglielo.

Ora ci resta solo da dire che altri ani-

mali, col tempo, fecero ritorno, dopo
che si era sparsa la voce che il monumento era vuoto.

E non lo hanno voluto rovesciare.
L'hanno lasciato in piedi, come un mo-
nito per le generazioni future.

INDICE

MICHAEL ENDE

L'AUTORE

Figlio di Edgar Ende, celebre pittore surrealista avverso al nazismo, è nato in Germania nel 1929. Allo scoppio della seconda guerra mondiale, cercò in tutti i modi di evitare di essere chiamato nell'esercito. Nel 1945 venne forzatamente arruolato, ma dopo un solo giorno al fronte scappò per aderire a un'organizzazione antinazista. Nel dopoguerra ottenne un lavoro presso una compagnia radiofonica e cominciò a scrivere libri per ragazzi. Nel 1958, con il suo primo libro, *Le avventure di Jim Bottone*, ebbe successo immediato e da allora Ende non smise più di dedicarsi alla letteratura per ragazzi, nonostante fosse anche attore, regista e critico teatrale. Visse a lungo in Italia, tra il 1970 e il 1985, scrivendo i capolavori che l'hanno reso famoso in tutto il mondo, *La storia infinita* e *Momo*, dai quali sono stati tratti due film famosi. Tutta la produzione letteraria di Ende è permeata dal potere assoluto della fantasia in cui gli animali, sempre protagonisti, portano i più piccoli in un mondo fatto di avventura e magia. È morto nel 1995, all'età di 65 anni.

ADELCHI GALLONI

L' ILLUSTRATORE

È nato a Varese Ligure (La Spezia) nel 1936. Dopo gli studi all'Accademia di Brera, ha realizzato numerosi cartoni animati per la pubblicità e mediometraggi per lo spettacolo, realizzando campagne per grandi, prestigiosi marchi.

A partire dagli anni Ottanta ha alternato l'attività pubblicitaria con quella editoriale, che lo ha visto illustratore di giornali e riviste (dal "Corriere della Sera" a "Grazia") e di libri per ragazzi (tra cui i testi di Ted Hughes, Michael Ende, Bianca Pitzorno). Negli ultimi anni si è diviso tra la pittura, il cinema d'animazione e l'insegnamento (Scuola Internazionale dell'Illustrazione a Venezia, Istituto Europeo di Design a Milano, l'Accademia di Belle Arti di Bologna). Ha ottenuto molti riconoscimenti tra cui la Palma d'oro al Festival Internazionale Pubblicitario di Cannes, la Medaglia d'argento al New York International Festival, il Premio Andersen – Il mondo dell'infanzia, il Premio speciale Associazione Illustratori.

DAVID GROSSMAN
LE AVVENTURE DI ITAMAR

junior (i)

Tra non molto Itamar avrà un fratellino, e non può fare a meno di chiedersi come sarà: lui vorrebbe tanto un fratello pallone da lanciare fino in cielo, oppure un fratello di cioccolato da leccare fino a consumarlo tutto, o un fratello leone da cavalcare quando va all'asilo... Quattro piccole storie che parlano dei più grandi desideri dei bambini: avere un fratellino per giocare, perdere la paura, sorprendere i genitori, far sembrare veri i sogni più incredibili.

DAVID GROSSMAN
UN MILIONE DI ANNI FA

junior

Mentre il papà cambia la ruota alla macchina nel bel mezzo dello zoo-safari, Gidi ne approfitta, e in un attimo eccolo sul ramo di un albero altissimo a dondolare le gambe insieme a uno scimmiotto. Al papà non rimane che convincerlo a scendere con una storia: la storia di quando il cielo e la terra dovevano ancora decidere chi sarebbe stato sopra e chi sotto e le foreste si libravano lente nell'aria. Una fiaba bellissima che ricomincia proprio quando sembra finita…

.

JORGE AMADO
GATTO TIGRATO E MISS RONDINELLA

junior

Nel quieto silenzio del parco arriva la primavera ed è festa per tutti, compreso il fosco e scontroso Gatto Tigrato, odiato e temuto dagli altri animali. Sarà merito dei fiori e dell'aria tiepida, se il Gatto si mette a chiacchierare con l'impertinente Rondinella e se, giorno dopo giorno, i due diventano inseparabili? Ma Miss Rondinella è già fidanzata con un ricco usignolo di buona famiglia, e poi non si sono mai visti un gatto e una rondine innamorati...

JORGE AMADO
Gatto Tigrato
e Miss Rondinella
La palla innamorata

ISAAC ASIMOV
Storie di giovani fantasmi
Storie di giovani maghi

DINO BUZZATI
Il segreto del Bosco Vecchio
La famosa invasione
degli orsi in Sicilia

ITALO CALVINO
Il visconte dimezzato
L'Uccel Belverde
e altre fiabe italiane
Il Principe granchio
e altre fiabe italiane
Il barone rampante
Il cavaliere inesistente
Marcovaldo
La foresta-radice-labirinto

AGATHA CHRISTIE
Poirot e le pietre preziose
La signora del delitto
Miss Marple alla riscossa

MAURO CORONA
Storie del bosco antico

GERALD DURRELL
Un viaggio fantastico

MICHAEL ENDE
Fiabe e favole

GABRIEL ARCÍA MÁRQUEZ
La luce è come l'acqua

DAVID GROSSMAN
Il duello
Le avventure di Itamar
Itamar e il cappello magico
La lingua speciale di Uri
Itamar il cacciatore di sogni
Un milione di anni fa
Buonanotte giraffa
Ruti vuole dormire
e altre storie

ANTHONY HOROWITZ
Villa Ghiacciaossa

Oscar junior

ROBERTO PIUMINI

LE AVVENTURE
DEL FOLLETTO BAMBILLA

C'ERA UN BAMBINO
PROFUMATO DI LATTE

POESIE PICCOLE

GIUSEPPE PONTIGGIA

CICHITA LA SCIMMIA PARLANTE

ANTONIO SKÁRMETA

TEMA IN CLASSE

I BISCOTTI DELLA FORTUNA

JERRY SPINELLI

GUERRE IN FAMIGLIA

A RAPPORTO DAL PRESIDE

QUARTA ELEMENTARE

CRASH

TIRO AL PICCIONE

WILLIAM STEIG

SHREK!

ROBERT SWINDELLS

LA STANZA 13

TOMI UNGERER

OTTO - AUTOBIOGRAFIA
DI UN ORSACCHIOTTO

E.B. WHITE

LA TELA DI CARLOTTA